AF263316

Couverture inférieure manquante

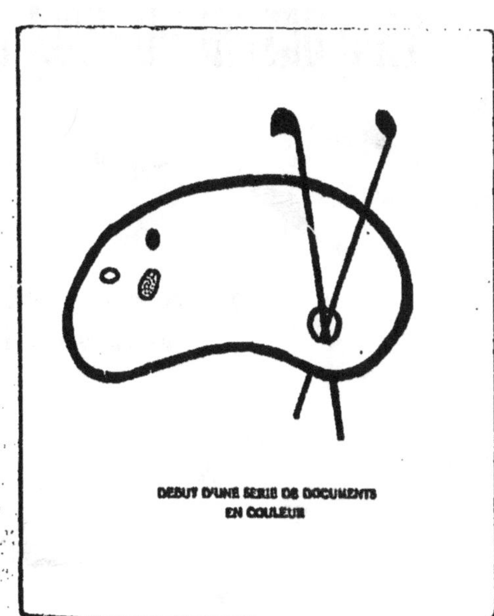
DEBUT D'UNE SERIE DE DOCUMENTS
EN COULEUR

TABLE ALPHABÉTIQUE

ET ANALYTIQUE

DE LA

TRADUCTION DU CODE ANNAMITE D'AUBARET

(Édition de 1875)

PAR A. MIRABEN

PROCUREUR DE LA RÉPUBLIQUE

SAIGON

IMPRIMERIE COLONIALE

1886

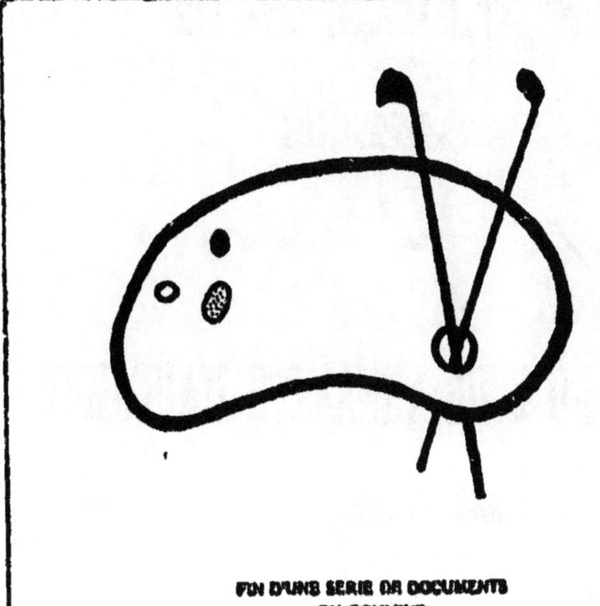

FIN D'UNE SERIE DE DOCUMENTS
EN COULEUR

TABLE ALPHABÉTIQUE

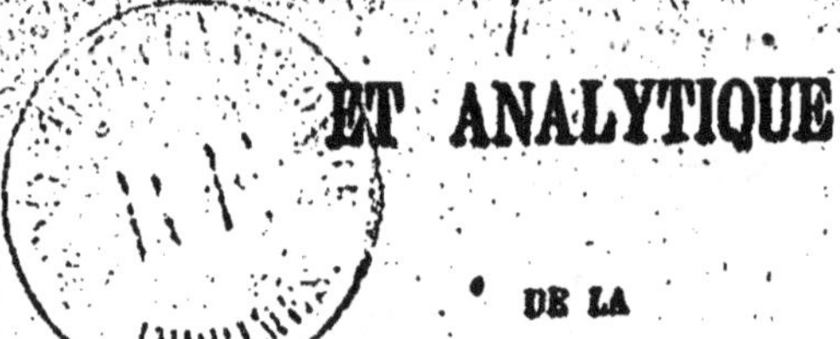

ET ANALYTIQUE

DE LA

TRADUCTION DU CODE ANNAMITE D'AUBARET

(Édition de 1875)

PAR A. MIRABEN

PROCUREUR DE LA RÉPUBLIQUE

SAIGON

IMPRIMERIE COLONIALE

—

1896

Après la *Table alphabétique et analytique de la Traduction
du Code annamite de Philastre* (Saigon, 1892, Imprimerie
coloniale), j'offre à mes collègues la *Table alphabétique et
analytique de la Traduction du Code annamite d'Aubaret*.

Si ce travail sans prétention peut les aider dans l'étude de
la loi annamite, je serai satisfait.

A. M.

Bienhoa, décembre 1894.

TABLE ALPHABÉTIQUE
ET ANALYTIQUE

DE

LA TRADUCTION DU CODE ANNAMITE D'AUBARET

(Édition de 1875).

Les chiffres romains désignent les numéros des volumes ; les numéros des pages sont en chiffres arabes. Les renvois aux articles de la table sont indiqués en italiques.

A

Abandon.

Abandon des lieux habités, à la suite d'une disette. — II, 109.
Abandon des parents. — II, 203.

Accaparement.

Accaparement et monopole. — II, 182.

Administration.

Retard dans l'envoi des pièces administratives. — II, 78.
Vérification des pièces administratives. — II, 79.

Adoption.

Adoption. — II, 91 et s.
Adoption pour continuer le culte. — II, 122.
Fils adoptif qui insulte ou brutalise ses parents adoptifs. — I, 257.

Adultère.

Adultère. — I, 166 et s., 334. — II, 297, 299.
Adultère de la femme lorsqu'elle n'est que fiancée. — I, 171.

Adultère commis par un mandarin. — I, 336.
Adultère commis entre esclaves. — I, 336.
Adultère et fornication entre parents de l'un des cinq degrés de parenté.
    — I, 340.
Adultère commis par un mandarin sur une personne du peuple. — I, 334.
Adultère commis par des personnes en deuil. — I, 344.
Adultère commis par des esclaves sur des personnes libres. — I, 345.
Calomnie en adultère portée par la fille contre son beau-père. — I, 342.
Entremetteur pour le crime d'adultère. — I, 335.
Homicide commis sur une personne adultère. — I, 33.
Mari qui tue après avoir fait commettre l'adultère. — I, 170.
Personnes qui favorisent l'adultère de leurs femmes ou concubines.
    — I, 339.
Rachat des peines pour la femme adultère. — I, 33.
Serviteurs à gages et esclaves qui commettent l'adultère avec l'épouse de
    leur maître. — I, 342.
Suicide occasionné par l'adultère. — I, 208.

Affaires.

Accord illégal opéré secrètement dans les affaires publiques. — I, 351.
Affaires publiques. — II, 68.
Erreurs commises dans les affaires militaires. — II, 227.
Erreurs dans les affaires publiques. — I, 71.
Mandarins qui commettent collectivement une faute dans les affaires pu-
    bliques. — I, 71.
Propositions illégales en affaires publiques. — I, 350.

Age.

Coupables qui ne sont pas atteints par la limite d'âge. — I, 62.

Aïeul.

Aïeuls et parents au second degré. — I, 85.

Almanach.

Fabrication d'un faux almanach. — I, 321.

Ambassadeur.

Vol chez un ambassadeur. — I, 125.

Amnistie.

Amnistie royale. — II, 7, 45.
Personnes qui se rendent coupables aux époques d'amnistie afin d'en bénéfi-
    cier. — II, 46.

Animaux.

Animaux domestiques qui mordent ou qui ruent. — II, 264.
Soin des animaux domestiques. — II, 261.
Usage personnel et illégal des animaux appartenant à l'État. — II, 266.
Vol des animaux nouveau-nés fait au détriment de l'État. — II, 265.

Anonyme.

Plaintes anonymes. — I, 276.

Approvisionnement.

Approvisionnements militaires. — II, 226.

Arc.

Blessures occasionnées en tirant de l'arc. — I, 198.
Mort occasionnée en tirant de l'arc. — I, 198.
Tir à l'arc devant le palais du roi. — II, 216.

Arme. — Armée.

Armes des gardes du corps. — II, 217.
Armes prêtées aux prisonniers ou laissées à leur disposition. — II, 12.
Dégradation et non-restitution des armes. — II, 237.
Gens appartenant à l'armée qui commettent des fautes. — I, 41.
Possession secrète des armes. — II, 238.
Vente des armes. — II, 238.
Vol des armes. — I, 101.

Arrestation.

Arrestations. — I, 361.

Assassinat.

Assassinat d'un envoyé royal ou d'un mandarin. — I, 163.
Voir aussi : *Homicide.*

Astronome.

Astronomes coupables. — I, 33, 55.
Négligence des astronomes. — II, 201.

Audience.

Audiences royales. — II, 197.
Voir : *Roi.*

Aveu.

Aveu des fautes. — I, 66.

B

Bagage.

Bagages que les chefs de convoi peuvent emporter avec eux. — II, 277.

Bestiaux.

Sortie clandestine du royaume des bestiaux défendus. — II, 259.
Voir: *Bœuf-Buffle*.

Blessure.

Blessures. — I, 160.
Blessures occasionnées en jouant, ou par erreur, ou par imprudence. — I, 189.
Blessures occasionnées en tirant de l'arc. — I, 198.
Blessures occasionnées par l'emploi d'un fusil ou de fusées dans un lieu habité. — I, 199.
Blessures occasionnées par des voitures ou des chevaux. — I, 199.
Blessures occasionnées par un médecin. — I, 200.
Blessures occasionnées par des pièges cachés. — I, 201.
Blessures faites aux collecteurs d'impôts. — I, 237.
Blessures et coups occasionnés par le mari au fils de la femme qu'il a épousée étant veuve. — I, 265.
Emploi d'un serpent ou de tout autre reptile pour blesser quelqu'un. — I, 187.
Limites assignées à la guérison des blessures. — I, 216.
Visite des cadavres des personnes qui ont succombé à des blessures. — II, 36.

Bœuf-Buffle.

Abatage des bœufs. — II, 261.
Vol de bœufs, buffles, etc. — I, 127, 128.

Bonze-Tao-sse.

Chef de bonzerie coupable avec ses disciples. — II, 295.
Construction et établissement, sans autorisation, des bonzeries. — II, 88.
Délits commis par les bonzes ou tao-sse. — I, 44.
Destitution des bonzes. — I, 44.

Inconduite des bonzes. — I, 344.
Mariage des bonzes. — II, 140.
Piété filiale chez les bonzes et les tao-sse. — II, 200.
Rachat des peines pour les bonzes. — I, 33.

C

Cachet.

Destruction des cachets des tribunaux. — II, 69.
Fabrication d'un faux cachet. — I, 321.
Garde du cachet du tribunal. — II, 83.
Oubli de l'apposition du cachet dans les pièces officielles. — II, 83.
Usage illégal du cachet des mandarins militaires. — II, 84.
Vol des cachets officiels. — I, 100.

Cadavre.

Visite des cadavres des personnes qui ont succombé à des blessures. — II, 36.

Cadeau.

Cadeaux donnés par le roi. — II, 105.

Caisse.

Voir: *Magasin*.

Calomniateur.

Calomniateurs. — I, 281.
Coupables calomniateurs. — II, 22.

Cangue.

Voir: *Peine*.

Cas particuliers.

Exemples de quelques cas particuliers (ce sont les cas non prévus dans le Code). — II, 294.

Ceps.

Voir: *Peine*.

Cérémonie.

Cérémonies et fêtes dans les villages. — II, 205.

Chaîne.

Voir: *Peine.*

Champ.

Champs et maisons. — II, 104.
Culture d'un champ appartenant à l'État ou à autrui. — II, 115.
Dégâts commis dans les champs et dans les maisons. — II, 115.
Destruction d'un champ de thé, etc. — II, 111.
Mandarins doivent prévenir des désastres arrivés aux champs. — II, 109.
Non-déclaration des champs possédés. — II, 104.
Régisseur des champs de la famille royale. — II, 105.
Reprise des champs par un village qui les avait abandonnés. — II, 105.
Tromperie sur la nature du sol des champs. — II, 104.

Cheval.

Abatage des chevaux. — II, 261.
Chevaux de l'État qui ne sont pas dressés. — II, 261.
Vol de chevaux. — I, 127.
Vol d'un cheval appartenant au roi. — I, 127.

Citadelle.

Commandants de place ou de citadelle qui ne se défendront pas. — II, 230.
Mandarin qui laisse prendre une citadelle. — I, 45.
Vol des clefs d'une citadelle. — I, 101.

Clandestin.

Sortie clandestine du royaume des bestiaux et objets défendus. — II, 258.

Circonstances atténuantes.

Elles sont prévues dans certains cas. — I, 9, 41.

Circulation.

Faux permis de circulation. — II, 254.

Code.

Connaissance du Code. — II, 68.

Comédien.

Comédiens. — I, 359.

Commune.

Voir: *Champ-Village.*

— 11 —

Complice.

Parents d'un voleur et ses complices. — I, 115.
Principal coupable et ses complices. — I, 73, 123.

Complot.

Complots entre voleurs. — I, 154.
Prévenus qui forment des complots d'évasion. — I, 360.

Concubine.

Voir: *Femme*.

Concussion.

Mandarin coupable de concussion. — I, 45.
Voir: *Malversation-Prévarication*.

Condamné.

Condamnés aux fers qui se refusent au travail. — II, 46.
Condamnés qui ne se soumettent pas à leur sentence. — II, 44.
Réhabilitation des condamnés. — II, 31.

Confiscation.

Confiscation des biens. — II, 174.

Confrontation.

Confrontation des coupables. — II, 18.

Construction.

Constructions. — II, 281.
Constructions contraires au plan, au but proposé et à la coutume reçue.
   — II, 283.
Constructions entreprises sans autorisation. — II, 281.

Coutrebande.

Navires qui font la contrebande. — II, 176.

Contribution.

Voir : *Impôt*.

Contumace.

Condamnés à la décapitation qui, étant contumaces, sont plus tard repris et
   doivent être exécutés sur-le-champ. — I, 76.

Condamnés à la strangulation qui, étant contumaces, doivent être exécutés sur-le-champ aussitôt qu'ils sont repris. — I, 79.

Corruption.

Agent de corruption. — I, 309.
Corruption pour un objet non défendu est assimilée au vol. — I, 3.
Mandarins et employés qui prêtent l'oreille à des propositions de corruption. — I, 307.

Corvée.

Corvées imposées injustement. — II, 96.
Injustice dans la distribution des corvées. — II, 97.
Personnes qui s'enfuient ou se cachent pour se soustraire à une corvée. — II, 98.

Costume.

Costumes et habitations. — II, 199.

Coup.

Voir: *Querelle-Blessure.*

Coupable.

Cas où les coupables parviennent tous à s'échapper. — I, 70.
Châtiment des coupables. — II, 40.
Chef de bonzerie coupable avec ses disciples. — II, 205.
Confrontation des coupables. — II, 18.
Coupables. — II, 1.
Coupables calomniateurs. — II, 22.
Coupables qui ne sont pas atteints par la limite d'âge. — I, 62.
Coupables qui ont commis deux délits: jugement du plus grave des deux. — I, 70.
Coupables dont la faute est connue et dont l'un parvient à s'échapper. — I, 74.
Coupables qui doivent être tenus dans la prison et qui n'y sont pas. — II, 1.
Cruauté des satellites envers les coupables. — II, 9.
Directeurs de prisons ou surveillants qui engagent les coupables à nier leur faute. — II, 18.
Étrangers coupables. — II, 82.
Femmes coupables. — II, 47.
Greffiers qui écrivent eux-mêmes ou qui altèrent les déclarations des coupables. — II, 24.
Mandarins coupables. — II, 49.
Personnes qui cachent des coupables ou favorisent leur fuite avec connaissance de cause. — I, 380.

Principal coupable et ses complices. — I, 73.
Satellites envoyés à la recherche des coupables. — I, 361.

Courrier.

Emploi illégal des courriers. — II, 270.

Coutume.

Coutumes abusives dans les villages. — II, 207.

Créancier.

Créanciers et débiteurs. — II, 178.

Crime.

Crimes capitaux :

    Complot de rébellion. — I, 34.
    Rébellion, violation des demeures royales. — I, 34.
    Trahison. — I, 34.
    Parricide, fratricide. — I, 34.
    Grand meurtre. — I, 34.
    Vol sacrilège. — I, 34.
    Meurtre des supérieurs. — I, 34.
    Impiété filiale. — I, 34.
    Fornication entre parents. — I, 35.

Crimes dans les relations de famille. — I, 34.
Crimes que l'on ne peut pardonner. — I, 47.
Crime de haute trahison. — I, 93.

Culte.

Culte des ancêtres (*Awong-Aoa*). — II, 112, 122.
Changement et trouble dans la loi pour continuer le culte. — II, 91.
Descendants qui abattent des arbres dans les sépultures de leurs ancêtres
    pour les vendre. — I, 103.
Indications placées sur les biens du culte. — II, 113.
Le gendre ne peut continuer le culte. — II, 122.
Vente du champ où se trouve la sépulture des ancêtres. — II, 112.
Vente du temple consacré au culte des ancêtres. — II, 112.
Vente des champs consacrés au culte. — II, 112.
Voir : *Sacrifice-Sépulture.*

Cumul.

Cumul des peines. — I, 70.

D

Débiteur.

Débiteurs et créanciers. — II, 178.

Décapitation.

Peine de la décapitation. — I, 21, 29, 76.

Délit.

Délits commis en commun. — I, 85.
Délits divers. — I, 347.
Juges qui aggravent ou mitigent les délits. — II, 24.
Tableau des délits aggravés par erreur. — II, 28, 29.
Tableau des délits aggravés avec intention. — II, 26, 27.

Demeure.

Demeures impériales. — II, 209.

Dépêche.

Altération des dépêches. — II, 81.
Communications de fausses dépêches. — II, 77.
Dépêches interceptées. — II, 269.
Dépêches qui ne sont pas remises à la poste quand elles devraient l'être.
 — II, 271.
Falsification des dépêches officielles. — I, 317.
Retard dans l'envoi des dépêches. — II, 77.
Signature des dépêches officielles. — II, 81.
Transmission des dépêches. — II, 267.

Dépense.

Dépenses extra-réglementaires faites par les envoyés du Gouvernement. —
 II, 271.

Dépôt.

Abus de dépôt, infidélité dans les dépôts. — II, 180.

— 15 —

Déserteur.

Déserteurs. — I, 82. — II, 244.

Détenu.

Voir : *Évasion*.

Deuil.

Adultère commis par des personnes en deuil. — I, 344.
Mariage pendant le temps du deuil. — I, 27.
Négligence dans le deuil des parents. — II, 201.
Tableau du temps de deuil. — I, 27.
Temps de deuil. — I, 27,

Devin.

Devins. — II, 201.

Devoir.

Oubli de ses devoirs en général (article 351 du Code de Philastre). — I, 80.

Digue.

Dégâts causés aux digues. — II, 283.
Digues. — II, 288.
Non-réparation des digues. — II, 289.

Dilapidation.

Dilapidation. — I, 305.
Sentences injustement rendues au sujet des dilapidations. — II, 172.

Disette.

Abandon des lieux habités à la suite d'une disette. — II, 99.
Rapports au roi sur une disette. — II, 109.

Dispute.

Différence entre la querelle et la dispute. — I, 213.
Disputes entre les mandarins placés auprès du Gouverneur. — I, 226.
Mandarins inférieurs qui se disputent avec leurs supérieurs. — I, 232.

Divorce.

Divorce. — II, 141 et s.
Divorce après location de la femme. — II, 123.
Personnes qui donnent de l'argent à un mari pour l'amener à divorcer. — I, 339.

Dol.

Dol. — I, 187.

Douane.

Postes de douane. — II, 250.

Droit.

Non-payement des droits. — II, 176.

E

Édit.

Communication de faux édits. — I, 319.
Falsification des édits royaux. — I, 317.
Vols des édits royaux. — I, 317.

Employé.

Employés qui ne sortent, ni ne pénètrent quand ils doivent le faire. — II, 214.
Voir aussi : *Mandarin.*

Enfant.

Enfants et petits-enfants insubordonnés et rebelles à l'éducation de leurs parents. — I, 204.
Enfants légitimes. — II, 90.
Enlèvement et vol des enfants égarés. — II, 95.
Rachat des peines pour les enfants coupables. — I, 31, 59.

Envoyé.

Envoyés de la capitale qui insultent les mandarins. — II, 199.
Envoyés royaux qui négligent de rendre compte de leur mission. — II, 76.

Enregistrement.

Enregistrement du peuple. — II, 65.

Entremetteur.

Entremetteur pour le crime d'adultère. — I, 135.

Épouse.

Épouses légitimes qui commettent un délit. — I, 55.

Esclave.

Adultère commis entre esclaves. — I, 336.
Adultère commis par des esclaves sur des personnes libres. — I, 345.
Empêcher une fille esclave de se marier. — II, 145.
Enfant élevé et nourri pour en faire un esclave. — II, 91.
Enlèvement de la femme d'un esclave par le maître. — I, 239.
Esclaves qui frappent des personnes libres ou sont battus par elles. — I, 232.
Esclaves qui se querellent avec leurs maîtres et les frappent. — I, 231.
Esclave qui frappe ou insulte un mandarin. — I, 231.
Esclave qui commet un homicide. — I, 238.
Esclave s'enfuyant après avoir enlevé son contrat de vente. — I, 239.
Esclaves qui insultent leur maître. — I, 271.
Esclaves ou serviteurs qui portent plainte contre leurs maîtres. — I, 290.
Homicide d'un esclave. — I, 238.
Mariage des personnes libres avec des esclaves. — II, 140.
Serviteurs à gages et esclaves qui commettent l'adultère avec l'épouse de
  leur maître. — I, 342.
Supercherie employée pour enlever et vendre des esclaves. — I, 138.

Escorte.

Escortes royales. — II, 212.

Espion.

Espions. — II, 257.

Étranger.

Étrangers coupables doivent être jugés par le présent Code. — I, 82, 90.

Eunuque.

Eunuques. — I, 349. — II, 215.

Évasion.

Condamnés à l'exil ou aux fers qui parviennent à s'évader. — I, 300.
Évasions. — I, 301.
Détenus qui s'évadent ou qui forment des complots d'évasion. — I, 300.
Surveillants qui facilitent l'évasion d'un détenu, ou qui en sont cause par
  leur négligence. — I, 376.

Exil.

Exil. — I, 21, 29.
Famille des exilés. — I, 45.
Lieux d'exil. — I, 00, 91.

F

Faire.

Faire ce qui ne doit pas être fait (article 351 du Code de Philastre). —
    I, 360.

Falsification. — Faux.

Communication de faux édits et de fausses dépêches. — I, 319.
Conseillers royaux intimes qui s'attribuent de fausses missions. — I, 330.
Fabrication d'un faux cachet ou d'un faux almanach. — I, 321.
Falsification et supercherie. — I, 317.
Faux mandarins. — I, 325.
Faux monnayeurs. — I, 324.
Faux permis de circulation. — II, 254.
Mandarins qui font au roi une réponse fausse ou qui lui adressent de faux
    rapports. — I, 320.
Personnes qui se font passer faussement pour des mandarins de la capitale.
    — I, 328.

Famille.

Crimes dans les relations de famille. — I, 34.
Famille des exilés. — I, 45.

Faute.

Aveu des fautes. — I, 66.
Fautes commises par les militaires. — I, 43.
Fautes commises par les mandarins : I, 38 à 41 ; par des mandarins qui ne
    sont plus en service : I, 42 ; par des personnes qui n'étaient pas encore
    dans le mandarinat : I, 43.
Parents qui cachent réciproquement leurs fautes. — I, 81.

Femme.

Brigands qui s'emparent des femmes sur la route. — I, 119.
Enlèvement de la femme d'un esclave par le maître. — I, 238.
Femmes qui commettent un délit. — I, 55.

— 19 —

Femme qui commet l'adultère (rachat des peines). — I, 33.
Femme ou concubines qui frappent et insultent leur mari et réciproquement.
    — I, 241.
Femme légitime ou concubines qui frappent le père ou la mère de feu leur
    mari. — I, 266.
Femme légitime ou concubines qui insultent les parents plus âgés du mari.
    — I, 275.
Femme légitime ou concubines qui insultent le père ou la mère de feu leur
    mari. — I, 273.
Femmes qui portent plainte contre leurs maris. — I, 290.
Femmes coupables. — II, 47.
Femme légitime réduite à l'état de concubine. — II, 125.
Location des femmes. — II, 123.
Querelles et coups entre la femme légitime ou la concubine et les parents du
    mari. — I, 261.
Renvoi du gendre pour donner sa femme à autrui. — II, 125.
Suicide de la femme occasionné par le mari. — I, 195.
Vente de sa femme pour en faire une esclave. — I, 139.
Voir aussi : *Partage-Succession.*

Fête.

Fêtes dans les villages. — II, 205.
Voir aussi : *Cérémonie.*

Fils. — Fille.

Brigands qui s'emparent d'une fille sur la route. — I, 33.
Fille qui se prostitue (rachat des peines). — I, 33.
Fille de mandarin *(Nu-Quan).* — I, 88.
Location des filles. — II, 123.
Voir : *Partage-Succession.*

Fonctionnaire.

Fonctionnaires publics qui ne résident pas dans leur demeure officielle. —
    II, 285.

Fornication.

Fornication entre parents. — I, 35.
Voir : *Adultère.*

Fraude.

Fraude. — I, 137.
Fraude dans la quantité des matériaux employés. — II, 284.

Funérailles.

Funérailles. — II, 205.

G

Garde.

Armes des gardes du corps. — II, 217.
Inaptitude à être garde du corps. — II, 217.

Gendre

Le gendre ne peut continuer le culte. — II, 122.
Renvoi du gendre pour donner sa femme à autrui. — II, 125.

Greffier.

Greffiers qui écrivent eux-mêmes ou qui altèrent les déclarations des coupables. — II, 52.

Grenier.

Voir : *Magasin*.

Gouverneur.

Mandarins qui blessent ou frappent le gouverneur de la province. — I, 225.

H

Habitant.

Fausse déclaration du nombre des habitants. — II, 88.

Habitation.

Habitations et costumes. — II, 192.
Voir : *Terrain*.

Homicide.

Homicide. — I, 160. — II, 299.
Homicide avec préméditation. — I, 160 et s. — II, 299.
Homicide commis sur une personne adultère. — I, 166.

Homicide commis avec préméditation par une veuve remariée sur la personne
du père ou de la mère de son premier mari. — I, 173.
Homicide de trois personnes dans la même maison. — I, 174.
Homicide pour un motif quelconque. — I, 181.
Homicide par imprudence. — I, 188 et s.
Homicide envers un professeur de lettres. — I, 228.
Homicide commis par un esclave. — I, 238.
Personnes qui ayant commis un homicide font un accord avec les plaignants
pour ne pas aller en justice. — I, 211.

Haong-hoa.

Voir : *Culte* (culte des ancêtres).

Hypothèque.

Hypothèque des champs et des maisons. — II, 113.
Règle des transactions pour les hypothèques. — II, 115.
Voir : *Vente* (vente à réméré) — *Rachat*.

I

Impiété.

Impiété filiale. — I, 34, 59, 290.

Impôt. — Contributions.

Attribution illégale d'un trop perçu à un déficit de recettes. — II, 153.
Ceux qui prélèvent les impôts sans en avoir le droit. — II, 152.
Ceux qui reçoivent des impôts et les cachent chez eux dans un intérêt
personnel. — II, 152.
Délivrance des quittances d'impôt lorsque le versement des contributions
est incomplet. — II, 154.
Dispenses ou réductions d'impôts occasionnées par les intempéries ou les
mauvaises saisons. — II, 106.
Excès de recette dans le prélèvement de l'impôt. — II, 151.
Perception de l'impôt. — II, 103.
Prêt illégal des impôts en argent ou en nature. — II, 150.
Temps prescrit pour la rentrée de l'impôt. — II, 147.
Titre illégal de l'or ou de l'argent versé comme contributions au trésor
public. — II, 167.
Tromperie pour alléger l'impôt. — II, 104.

Incendie.

Incendie involontaire. — I, 352.
Incendie volontaire. — I, 355.

Incompétence.

Incompétence des juges. — I, 281.

Indiscipline.

Indiscipline. — II, 241.

Infirme.

Coupables qui ne sont pas infirmes. — I, 62.
Rachat des peines pour les infirmes coupables. — I, 31, 59.

Innocent.

Emprisonnement des innocents. — II, 13.

Insulte.

Apprentis et élèves qui insultent et frappent leur maître. — I, 228.
Assesseurs qui insultent le mandarin président. — I, 270.
Esclaves qui insultent leur maître. — I, 271.
Femme légitime ou concubines qui insultent les parents plus âgés du mari.
    — I, 273.
Femme ou concubine qui insultent le père ou la mère de son leur mari. —
  I, 273.
Insultes. — I, 269.
Insultes ou querelles envers les alliés de la famille royale. — I, 220.
Insulte envers un envoyé royal ou un mandarin. — I, 269.
Insulte envers un parent plus âgé. — I, 271.
Insulte envers les parents. — I, 272. — II, 200.
Insulte des envoyés de la capitale à l'égard des mandarins. — II, 199.

Intention.

Ceux qui connaissent les mauvaises intentions de quelqu'un et ne les dénon-
  cent pas. — I, 512.

Inventaire.

Inventaire des magasins de l'État. — II, 164.

Irrévérence.

Irrévérence dans les sacrifices. — II, 190.
Voir : Insulte.

J

Jeu.

Jeu. — I, 348.
Jeu non puni quand il subvient aux frais d'un repas. — I, 349.
Mandarin qui se livre au jeu. — I, 349.

Juge. — Jugement.

Juges qui ne se conforment pas à la plainte dans la décision d'une affaire. —
    II, 20.
Juges qui ne renvoient pas chez eux les plaignants dont la cause est jugée.
    — II, 21.
Juges qui aggravent ou mitigent les délits des coupables. — II, 24.
Jugement des innocents. — II, 3.
Jugements qui ne sont pas conformes à la loi. — II, 42.
Jugements mal rendus. — II, 50.
Jugements injustement rendus au sujet de malversations et dilapidations. —
    II, 172.
Mandarins ou employés de tribunaux qui acceptent quelque valeur après le
    jugement d'une affaire. — I, 307.
Méthode à observer dans les jugements. — II, 32.

L

Livre.

Livres défendus. — II, 105.

Location.

Location des femmes et des filles. — II, 123.

Loi.

Cas non prévus par les lois. — I, 89.
Exécution des nouvelles lois. — I, 88.

Inobservation des lois dans les mariages. — II, 144.
Jugements qui ne sont pas conformes à la loi. — II, 42.
Lois générales. — I, 29.
Lois criminelles. — I, 93.
Lois relatives aux mandarins. — II, 55.
Lois fiscales. — II, 85.
Lois rituelles. — II, 187.
Lois militaires. — II, 209.
Lois relatives aux travaux publics. — II, 281.
Lois qui paraissent contradictoires. — I, 82.
Promulgation des lois. — I, 88.
Tentation et induction à la transgression des lois. — I, 332

M

Magasin. — Grenier.

Dégâts commis dans les magasins et greniers de l'État. — II, 107.
Détournements opérés dans les greniers de l'État par des agents inférieurs. — II, 161.
Greniers et caisses de l'État. — II, 147.
Inventaire des magasins de l'État. — II, 164.
Livraisons faites par les magasins de l'État. — II, 158.
Négligence des portiers et guetteurs de nuit préposés à la garde des greniers de l'État. — II, 169.
Recettes ou délivrances opérées dans les magasins contrairement aux règles. — II, 165.
Réparation des greniers et établissements publics. — II, 285.
Retard dans l'opération des recettes ou des délivrances opérées dans les magasins. — II, 166.
Vol dans les magasins royaux. — I, 100.
Vol dans les greniers ou magasins d'argent commis par les employés préposés à leur garde. — I, 104.
Vol dans les greniers ou magasins impériaux par des personnes ordinaires. — I, 107.

Magie.

Magie. — I, 98, 179.
Magie et sorcellerie. — II, 101.

Maison.

Voir : *Champ-Terrain.*

Maléfice.

Mutilation dans le but d'opérer des maléfices. — I, 177.

Malfaiteur.

Intervalle de temps accordé pour s'emparer des malfaiteurs. — I, 381.

Malversation.

Malversation. — I, 305.
Mandarin coupable de malversation, non à son profit. — II, 45.
Sentences injustement rendues au sujet des malversations et dilapidations. — II, 172.

Mandarin.

Abus dans le nombre des mandarins et des employés. — II, 58.
Adultère commis par un mandarin sur une personne du peuple. — I, 336, 344.
Assesseurs qui insultent le mandarin président. — I, 270.
Cabales et louanges excessives données aux hauts mandarins. — II, 66.
Cas où les mandarins militaires doivent en référer aux tribunaux civils. — I, 298.
Degrés de noblesse conférés aux mandarins civils. — II, 57.
Destitution des mandarins. — I, 44.
Disputes et querelles entre les mandarins placés auprès du Gouverneur. — I, 326.
Envoyés de la capitale qui insultent les mandarins. — II, 199.
Fautes commises par des personnes qui n'étaient pas encore dans le mandarinat. — I, 43.
Faux mandarins. I, 325.
Fille de mandarin (*Nu-Quan*). — I, 88.
Hauts mandarins qui nomment des fonctionnaires sans consulter le roi. — II, 56.
Hérédité dans les dignités du mandarinat. — II, 55.
Insulte envers un mandarin. — I, 269.
Interdiction aux mandarins d'acheter des terrains ou des maisons sur le territoire qu'ils administrent. — II, 113.
Lois relatives aux mandarins. — II, 55.
Mandarins en exercice qui commettent des délits. — I, 38 à 41.
Mandarins qui ne sont plus en exercice. — I, 42.
Mandarin qui laisse prendre une citadelle et mandarin coupable de concussion. — I, 45.
Mandarins qui commettent collectivement une faute dans les affaires publiques. — I, 71.
Mandarin se faisant donner quelque valeur par menace. — I, 135.

Mandarins inférieurs qui se disputent ou se querellent avec leurs supérieurs. — I, 223.

Mandarins qui frappent ou blessent le gouverneur de la province. — I, 225.

Mandarins du 9e au 6e rang qui insultent et frappent les mandarins élevés (1er 2e et 3e rang). — I, 226.

Mandarins qui ayant reçu une plainte ne la prennent pas en considération. — I, 278.

Mandarins doivent faire porter leurs plaintes personnelles par une personne de leur maison. — I, 298.

Mandarins ou employés de tribunaux qui acceptent quelque valeur après le jugement d'une affaire. — I, 307.

Mandarins et employés qui prêtent l'oreille à des propositions de corruption. — I, 307.

Mandarins qui demandent à un particulier qu'il leur donne ou leur prête quelque valeur. — I, 311.

Mandarins et employés qui font des collectes d'argent chez le peuple au sujet d'un travail public. — I, 315.

Mandarins qui font au roi une fausse réponse ou qui lui adressent de faux rapports. — I, 320.

Mandarin qui commet adultère. — I, 338.

Mandarins ou employés qui simulent une maladie ou se font passer pour morts ou blessés pour éviter une grave affaire. — I, 331.

Mandarins qui s'adonnent au libertinage. — I, 846.

Mandarin qui se livre au jeu. — I, 349.

Mandarins qui mettent du retard dans l'envoi des condamnés aux fers ou à l'exil au lieu où doit être subie la peine. — I, 874.

Mandarin qui, par motif de haine particulière, fait emprisonner un innocent. — II, 3.

Mandarins prisonniers auxquels il est accordé de recevoir la visite de leurs parents. — II, 10.

Mandarins coupables. — II, 41.

Mandarin coupable de malversation, non à son profit. — II, 45.

Mandarins qui s'écartent du lieu de leur administration. — II, 63.

Mandarins qui se dispensent sans raison de rendre au roi les honneurs qui lui sont dus ou qui négligent leur tribunal. — II, 64.

Mandarins supérieurs qui ne se conforment pas aux règles prescrites pour mander leurs inférieurs. — II, 64.

Mandarins dont la conduite est dangereuse et sans probité. — II, 65.

Mandarins qui font travailler pour leur propre compte. — II, 100.

Mandarins doivent prévenir des désastres arrivés aux champs. — II, 109.

Mandarins seuls ont le droit de loger dans l'appartement réservé des maisons de poste. — II, 274.

Mariage des mandarins sur le lieu qu'ils administrent. — II, 183.

Parents ou serviteurs des mandarins ou employés qui se font donner ou prêter par des particuliers. — I, 314.

Personnes qui se font passer faussement pour des mandarins de la capitale. —
I, 328.
Prévarication chez les mandarins. — I, 300.
Rachat des peines pour les mandarins. — I, 32.
Réception des hauts mandarins. — II, 108.
Réintégration des mandarins déjà privés de leurs fonctions et destitués. —
II, 61.
Responsabilité du mandarin en chef. — I, 87.
Retard mis par les mandarins pour se rendre à leur poste. — II, 63.
Retour dans son village de la famille d'un mandarin décédé. — II, 278.
Terrains donnés en récompense aux mandarins méritants. — II, 110.
Usage illégal du cachet des mandarins militaires. — II, 84.
Usurpation du titre d'envoyé du mandarin. — I, 136.

Marché.

Marchés. — II, 182.

Mariage.

Cérémonies du mariage. — II, 121.
Empêcher une jeune fille esclave de se marier. — II, 148.
Enlèvement de la fiancée après promesse de mariage. — II, 122.
Inobservation des lois dans le mariage. — II, 144.
Interdiction du mariage lorsque les enfants sont encore dans le sein de leur
mère. — II, 122.
Jeune homme objet à son insu d'une promesse de mariage. — II, 121.
Mariage en général. — II, 110.
Mariage pendant le deuil. — II, 125.
Mariage des veuves. — II, 127.
Mariage contracté pendant l'emprisonnement des parents. — II, 130.
Mariage entre personnes de même nom. — II, 130.
Mariage entre frères et sœurs. — II, 131.
Mariage entre parents ayant même nom et mêmes ancêtres. — II, 131.
Mariages contractés contrairement aux lois. — II, 133.
Mariage des mandarins sur le lieu qu'ils administrent. — II, 133.
Mariage des bonzes. — II, 140.
Mariage des personnes libres avec les esclaves. — II, 140.
Mariage avec des femmes coupables ou en fuite. — II, 134.
Refus de donner une fille après promesse de mariage. — II, 119.
Refus de prendre une fille après promesse de mariage. — II, 120.
Supercherie à propos de mariage. — II, 120.
Tracasseries à propos de mariage. — II, 207.
Violence exercée pour contraindre une femme ou une fille à se marier. —
II, 135 et s.
Voir : *Gendre.*

— 28 —

Marque.

Marque des coupables. — I, 158.
Coupables déjà marqués qui font disparaître leur marque. — I, 158 et s.

Matériaux.

Fraude dans la quantité des matériaux employés. — II, 284.

Médecin.

Blessures ou mort occasionnées par un médecin. — I, 200.

Menace.

Mandarin se faisan* donner quelque valeur par menace. — I, 135.
Vol avec menaces. — I, 134.

Mesure.

Fabrication de fausses mesures. — II, 185.

Meurtre.

Meurtre d'une épou›e ou d'une concubine coupables commis par le mari. — I, 194.
Meurtre d'un fils ou d'un petit-fils, ou d'un esclave, attribué faussement à autrui. — I, 195.

Militaire.

Approvisionnements militaires. — II, 226.
Cas où les mandarins militaires doivent en référer aux tribunaux civils. — I, 293.
Communications immédiates qui doivent être faites au sujet des opérations militaires. — II, 224.
Erreurs commises en affaires militaires. — II, 237.
Inobservations des règlements militaires. — II, 232.
Lois militaires. — II, 209.
Militaires. — II, 243.
Militaires qui commettent des fautes. — I, 41.
Militaires qui se font remplacer sans autorisation. — II, 228.
Militaires qui désertent. — II, 244.
Rapports militaires. — II, 223.
Secours accordés aux familles des militaires morts en service. — II, 248.
Soustraction frauduleuse des rations des militaires. — II, 162.
Trahison au sujet d'une importante affaire militaire. — II, 225.

Mine.

Vol dans les mines, — I, 129.

Monopole

Monopole. — II, 182.

Monnayeur.

Faux monnayeurs. — I, 324.

Mort.

Cas où plusieurs frères ont encouru la peine de mort. — I, 49.
Condamnés à mort qui se font ôter la vie avant l'exécution. — II, 17.
Décision royale dans les exécutions capitales. — II, 49.
Mort lente. — I, 22.
Mort occasionnée en jouant, ou par erreur, ou par imprudence. — I, 188 et s.
Mort occasionnée en tirant de l'arc. — I, 198.
Mort occasionnée par l'emploi d'un fusil ou de fusées dans un lieu habité. —
  I, 199.
Mort occasionnée par des voitures ou des chevaux. — I, 199.
Mort occasionnée par un médecin. — I, 200.
Mort occasionnée par des pièges cachés. — I, 201.
Peine de mort. — I, 21, 29, 78, 79.

Mutilation.

Mutilation dans le but d'opérer des maléfices. — I, 177.

N

Nantissement.

Voir : *Vente (à réméré)*. — *Rachat*.

Navire.

Navires qui font la contrebande. — II, 178.

Noblesse.

Degrés de noblesse conférés aux mandarins civils. — II, 57.
Titres de noblesse ne donnent pas le droit de commander aux troupes. —
  II, 243.

Nuit.

Défense de circuler pendant la nuit. — II, 248.

O

Objet.

Objets perdus. — II, 181.
Conservation des objets du Gouvernement qui ne sont pas en magasin. —
  II, 172.
Sortie clandestine du royaume des objets défendus. — II, 258.
Transmission des objets commandés par l'État. — II, 168.

Ordre.

Destruction des ordres du roi. — II, 69.
Inexécution des ordres royaux. — II, 69.
Ordres non exécutés après que le roi a donné son approbation. — I, 359.
Retard dans l'exécution des ordres. — II, 228.

Ouvrier.

Ouvriers employés au palais du roi. — II, 213.
Voir : *Employé-Mandarin.*

P

Pagode.

Vol des choses sacrées dans les pagodes royales. — I, 69.

Palais.

Voir : *Roi.*

Parent.

Abandon des parents. — II, 203.
Cas où un parent est frappé par autrui. — I, 260.
Mandarins prisonniers auxquels il est accordé de recevoir leurs parents. —
  II, 16.
Parents qui cachent réciproquement leurs fautes. — I, 81.

— 31 —

Parents au second degré et aïeuls. — I, 85.
Parents d'un voleur et ses complices. — I, 115.
Parents plus jeunes qui frappent les parents plus âgés, et réciproquement. —
  I, 244, 249.
Plaintes contre les parents. — I, 290.
Querelles et coups entre parents. — I, 244.
Vente d'un parent pour en faire un esclave. — I, 139.
Visite des parents aux prisonniers. — II, 15.
Vol entre parents. — I, 131 et s.

Partage.

Contestations après un partage qui a cinq ans de date. — II, 114.
Partage du patrimoine paternel entre les héritiers. — II, 101.
Partage défendu pendant le deuil. — II, 101.
Partage entre tous les enfants sans distinction. — II, 102.
Usage du patrimoine paternel avant le partage. — II, 102.

Patrimoine.

Usage du patrimoine paternel avant le partage. — II, 102.

Peine.

Augmentation ou diminution des peines. — I, 83.
Cinq sortes de peines :

    Le bambou. — I, 20, 26, 29.
    Le bâton. — I, 20, 27, 29.
    Les fers ou travaux forcés. — I, 20, 29, 90.
    L'exil. — I, 21, 29, 90, 91.
    La mort, qui comprend la décapitation et la strangulation. — I, 21, 20,
      78, 79.

Autres peines :

    La grande cangue. — I, 25.
    Cangue moyenne. — I, 25.
    Petite cangue. — I, 25.
    Cangue en bambou. — I, 26.
    Ceps. — I, 26.
    Chaînes. — I, 25.

Supplices au-dessus de la peine de mort ordinaire :

    Mort lente. — I, 22.
    Exposition de la tête du supplicié. — I, 23.
    Mutilation des cadavres. — I, 24.

Commutation ou diminution des peines. — I, 41.

Coupables qui ont leur peine commuée afin de leur donner les moyens de nourrir leurs parents. — I, 42 à 54.

Cumul des peines. — I, 70.

Décision royale dans les exécutions capitales. — II, 49.

Peines que comportent les six sortes de vols. — I, 8 et 9.

Rachat des peines. — I, 10, 31 et s., 59 et s.

Tableau du rachat des peines. — I, 12 à 19.

Tableau des peines et délits aggravés avec intention. — II, 26, 27.

Tarif des peines. — I, 124.

Permis.

Faux permis de circulation. — II, 254.

Voir : *Faire ce qui ne doit pas être fait.* — *Devoir.*

Peuple.

Défense d'employer des gens du peuple pour se faire porter en voyage. — II, 275.

Enregistrement du peuple. — II, 85.

Tenue des registres du peuple. — II, 85.

Vexations commises envers le peuple. — II, 233.

Pillage.

Pillage. — II, 231.

Plainte.

Fils, femmes, esclaves ou serviteurs qui portent plainte contre leurs parents, maris ou maîtres. — I, 290.

Inaptitude à faire des plaintes. — I, 294.

Mandarins qui, ayant reçu une plainte, ne la prennent pas en considération. — I, 278.

Mandarins doivent faire porter leurs plaintes personnelles par une personne de leur maison. — I, 298.

Mépris de la hiérarchie dans les plaintes. — I, 275.

Plaintes anonymes. — I, 276.

Plaintes en justice. — I, 275.

Plaintes contre les parents. — I, 290.

Plaintes non fondées et reposant sur des bases erronées. — I, 296.

Poison.

Préparation des poisons dans le but d'occasionner la mort. — I, 178.

Pont.

Réparation des ponts. — II, 294.

Porte.

Chefs des portes d'enceinte. — II, 220.

Poste.

Mandarins seuls ont le droit de loger dans l'appartement réservé des maisons
   de poste. — II, 274.
Poste. — II, 267.
Réparations à faire dans les maisons de poste (trams.) — II, 270.

Préméditation.

Assassinat avec préméditation d'un envoyé royal ou d'un mandarin. — I, 163.
Homicide commis avec préméditation. — I, 160. — II, 299.
Homicide commis avec préméditation par une veuve remariée sur la per-
   sonne du père ou de la mère de son premier mari. — I, 173.
Préméditation du meurtre envers ses aïeux paternels ou envers son père
   et sa mère. — I, 164.
Préméditation de la mort d'un parent jeune par un parent plus âgé. — I, 165.
Préméditation de la part d'un esclave ou d'un serviteur. — I, 165.
Préméditation d'homicide par un esclave revendu contre ses anciens
   maîtres. — I, 173.

Prêt.

Prêt illégal de charrettes ou bateaux appartenant à l'État. — II, 117.
Prêt illégal des impôts en argent ou en nature. — II, 156.
Prêt illégal des objets appartenant à l'État. — II, 157.
Voir : *Usure.*

Prévarication.

Prévaricateurs. — II, 53.
Prévarication. — I, 300.
Prévarication chez les mandarins et employés. — I, 300, 307, 309, 311 et s.

Prison. — Prisonnier.

Armes prêtées aux prisonniers ou laissées à leur disposition. — II, 12.
Coupables qui doivent être tenus dans la prison et qui n'y sont pas. — II, 1.
Cruauté des satellites envers les prisonniers. — II, 9.
Directeurs de prisons ou surveillants qui engagent les coupables à nier leur
   faute. — II, 13.
Emprisonnement des innocents. — II, 3.
Mandarins prisonniers auxquels il est accordé de recevoir la visite de leurs
   parents. — II, 16.
Prisonniers. — II, 1.
Vêtements et nourriture des prisonniers. — II, 14.
Visite des parents aux prisonniers. — II, 15.

Priver.

Priver quelqu'un de vêtements ou de nourriture. — I, 187.

Promotion.

Promotions injustes. — II, 61.

Promulgation.

Promulgation des lois. — I, 88.

Proposition.

Propositions illégales en affaires publiques. — I, 350.

Prostitution.

Fille qui se prostitue. — I, 33.

Pudeur.

Attentat à la pudeur. — Voir : *Viol*.

Q

Querelle.

Différence entre la querelle et la dispute. — I, 213.
Mandarins inférieurs qui se querellent avec leurs supérieurs. — I, 222.
Querelles. — I, 160.
Querelles pour un motif quelconque. — I, 181.
Querelles entre deux familles. — I, 184.
Querelles dans l'enceinte de la demeure du roi. — I, 220.
Querelles ou insultes envers les alliés de la famille royale. — I, 220.
Querelles entre les mandarins placés auprès du Gouverneur. — I, 228.
Querelles et coups entre parents. — I, 244.
Querelles avec un grand-père, ou une grand'mère, ou un père, ou une mère. — I, 254.
Querelles et coups entre la femme légitime ou la concubine ou les parents du mari. — I, 261.

R

Rachat.

Rachat des peines. — I, 10, 31 et s., 59 et s.
Rachat des coupables. — I, 59.

Rachat des terres, — Voir : *Vente (à réméré)*.
Tableau du rachat des peines. — I, 12 à 19.

Rapport.

Cas où l'on néglige d'adresser un rapport au roi, quand ce rapport est prescrit.
 — II, 74.
Bénéfice du rapport au roi. — I, 36.
Erreurs commises dans les rapports qui sont adressés au roi. — II, 73.
Rapports adressés au roi. — II, 197.
Rapports militaires. — II, 223.

Rapt.

Rapt. — II, 135 et s.
Rapt des filles et des femmes sur la route pour les vendre ou se les appro-
 prier. — I, 119.

Récidive.

Condamnés aux travaux forcés ou à l'exil qui récidivent. — I, 56.

Rébellion. — Révolte.

Rébellion. — I, 95.
Rébellion, violation des demeures royales. — I, 34.
Rébellion contre l'État. — II, 51.
Révolte contre l'autorité royale. — I, 93.

Recel.

Recéleurs. — I, 149 et s.

Registre.

Tenue des registres du peuple. — II, 85.

Réhabilitation.

Réhabilitation des condamnés. — II, 31.

Remède.

Remèdes préparés pour le roi. — II, 193.

Réméré.

Voir : *Vente.*

Réparation.

Réparation des greniers et établissements publics. — II, 285.
Réparation des routes et des ponts. — II, 294.

Réponse.

Réponses verbales faites au roi. — II, 196.

Répudiation.

Répudiation pour insultes et coups. — I, 243.

Responsabilité.

Responsabilité du mandarin en chef. — I, 87.

Révolte.

Voir : *Rébellion.*

Rite.

Inobservance des rites. — II, 196.
Rites. — II, 193.

Rôi. — Royal.

Audiences royales. — II, 197.
Bénéfice du rapport au roi en faveur des grands parents, ou du père ou de
la mère des personnes qui y ont droit. — I, 86.
Cadeaux donnés par le roi. — II, 195.
Ceux qui franchissent les murs du palais du roi. — II, 220.
Choses appartenant au roi. — I, 84.
Cortége qui précède le roi. — II, 218.
Défense d'entrer dans le temple des ancêtres du roi. — II, 209.
Défense d'entrer dans le palais du roi. — II, 209.
Défense de circuler sur la route réservée au roi. — II, 218.
Demeures royales. — II, 209.
Erreurs commises dans les rapports qui sont adressés au roi. — II, 73.
Escortes royales. — II, 218.
Honneurs rendus à la tablette du roi. — II, 196.
Maisons de plaisance royales. — II, 219.
Ouvriers employés au palais du roi. — II, 213.
Rapports adressés au roi. — II, 197.
Remèdes préparés pour le roi. — II, 193.
Réponses verbales faites au roi. — II, 196.
Révolte contre l'autorité royale. — I, 93.
Vêtements, chars, chaises, etc., qui appartiennent au roi. — II, 194.
Tir à l'arc devant le palais du roi. — II, 215.
Travaux exécutés dans le palais du roi. — II, 214.
Vol des choses sacrées dans les pagodes royales. — I, 99.

Vol des édits royaux. — I, 99.
Vol dans les magasins royaux. — I, 100.
Vol d'un cheval appartenant au roi. — I, 127.
Vol des arbres dans les sépultures royales. — I, 102.

Route.

Défense de circuler sur la route réservée au roi. — II, 213.
Empiétement sur le sol des routes. — II, 294.
Routes. — II, 288.
Réparation des routes. — II, 294.

S

Sacrifice.

Dégâts faits aux autels des sacrifices solennels. — II, 189.
Irrévérence dans les sacrifices. — II, 190.
Sacrifices. — II, 187.
Sacrifices offerts aux divers esprits. — II, 189.
Sacrifices solennels. — II, 187.

Saisie.

Non-déclaration des personnes et des biens dont la saisie est ordonnée. — II, 173.

Satellite.

Cruauté des satellites envers les coupables et les prisonniers. — II, 9.
Prévenus qui résistent à main armée aux satellites envoyés pour les prendre. — I, 363.
Satellites envoyés à la recherche des coupables. — I, 361, 376.

Secours.

Secours accordés aux familles des militaires morts en service. — II, 248.

Sentence.

Voir : *Juge-Jugement.*

Sépulture.

Descendants qui abattent les arbres dans les sépultures de leurs ancêtres pour les vendre. — I, 103.

Respect des sépultures impériales et de celles des saints et des sages. — II, 190.
Vente du champ où se trouve la sépulture des ancêtres. — II, 112.
Violation des sépultures. — I, 140 et s.
Violation des sépultures royales. — I, 144.
Vol des arbres dans les sépultures royales et ordinaires. — I, 102.
Voir : *Culte (des ancêtres).*

Séquestration.

Séquestration avec violence. — I, 229.

Séquestre.

Mise sous séquestre des biens des voleurs. — I, 114.

Service public.

Individus commandés pour un service public qui se font remplacer par une personne ordinaire. — II, 276.
Retard apporté dans les envois commandés pour un service public. — II, 273.

Serviteur.

Voir : *Esclave.*

Société secrète.

Société secrète (cérémonie du sang). — I, 97.

Soins.

Soins à donner aux ouvriers et aux soldats malades. — I, 348.

Soldat.

Soins à donner aux soldats malades. — I, 348.
Soustraction frauduleuse des rations des soldats. — II, 162.
Voir : *Militaire.*

Sorcellerie.

Voir : *Magie.*

Sortilège.

Sortilège. — I, 98, 179.

Strangulation.

Peine de la strangulation. — I, 21, 29, 79, 124.

Succession.

Successions. — II, 114.
Succession vacantes. — II, 103.
Voir : *Culte-Partage-Vente.*

Suicide.

Suicide causé par des vexations incessantes. — I, 202.
Suicide de la femme occasionné par le mari. — I, 195.
Suicide occasionné par l'adultère. — I, 208.

Supercherie.

Voir : *Falsification.*

Supplique.

Ceux qui accompagnent leurs suppliques d'une somme d'argent pour qu'elles soient écoutées favorablement. — I, 308.

Sursis.

Huit sortes de sursis en attendant la décision royale. — I, 85.

Surveillance.

Personnes qui évitent les postes de surveillance. — II, 250.
Postes de surveillance. — II, 250.
Retard apporté par les surveillants dans la visite des voyageurs. — II, 255.
Surveillants (Voir : *Garde-Satellite*).

T

Tableau.

Tableau des six sortes de vol. — I, 8 et 9.
Tableau du rachat des peines. — I, 12 à 19.
Tableau des peines et délits aggravés avec intention. — II, 26, 27.
Tableau des peines et délits aggravés par erreur. — II, 28, 29.
Tableau de l'augmentation et de la diminution des peines. — I, 83.
Tableau du temps du deuil. — I, 27.

Tablette.

Destruction des tablettes exposées au lieu où sont affichées les condamnations. — I, 347.
Honneurs rendus à la tablette du roi. — I, 196.
Tablettes remises aux émissaires des tribunaux. — II, 59.

Tao-sse.

Voir : *Bouze*.

Temps.

Division du temps. — I, 87.

Tentative.

Tentative de vol. — I, 148.

Terrain.

Interdiction aux mandarins d'acheter des terrains ou des maisons sur le territoire qu'ils administrent. — II, 113.
Terrains donnés en récompense aux mandarins méritants. — II, 110.
Vente des champs et des maisons. — II, 113.
Vente frauduleuse des terrains ou habitations. — II, 111.

Tombe.

Destruction d'une tombe. — II, 116.
Voir : *Sépulture*.

Torture.

Défense aux satellites d'appliquer la torture. — I, 114.
Torture appliquée aux vieillards et aux infirmes. — II, 18.

Trahison.

Crime de haute trahison. — I, 93.
Trahison. — I, 34.
Trahison au sujet d'une importante affaire militaire. — II, 225.

Tram.

Voir : *Poste*.

Travaux publics.

Lois relatives aux travaux publics. — II, 281.
Travaux forcés. — Voir : *Peine*.
Travaux inutiles. — II, 282.

Trésor.

Titre illégal de l'or ou de l'argent versé comme contributions au trésor public. — II, 167.

Troupe.

Envoi irrégulier des troupes en expédition. — II, 222.
Titres de noblesse ne donnent pas le droit de commander aux troupes. — II, 243.

U

Usurpation.

Usurpation du titre d'envoyé du mandarin. — I, 136.

Usure.

Usure. — II, 178.

V

Vente.

Règle des transactions pour la vente. — II, 115.
Vente des armes. — II, 236.
Vente de sa femme légitime ou d'un parent pour en faire des esclaves. — I, 139.
Vente frauduleuse des terrains ou habitations. — II, 111.
Vente des champs consacrés au culte. — II, 112.
Vente du temple consacré au culte des ancêtres. — II, 112.
Vente du champ où se trouve la sépulture des ancêtres. — II, 112.
Vente des champs et des maisons. — II, 113.
Vente à *réméré*. — II, 115.

Vérification.

Vérification des pièces administratives. — II, 79.

Veuve.

Mariage des veuves. — II, 127.
Voir : *Partage-Succession*.

Vexation.

Vexations commises envers le peuple. — II, 233.

Vieillard,

Rachat des peines pour les vieillards coupables. — I, 31, 59.

Village.

Cérémonies et fêtes dans les villages. — II, 205.
Coutumes abusives dans les villages. — II, 207.

Viol.

Femme ou fille violée par force. — I, 335.
Viol ou attentat à la pudeur, cause de la mort. — I, 203.
Viol avec contrainte sur une fille de douze ans et au-dessous. — I, 337.
Viol commis sur une femme légitime. — I, 337.

Violation.

Violation des demeures royales. — I, 34.
Violation des sépultures. — I, 140 et s.
Violation des sépultures royales. — I, 144.

Vol. — Voleur.

Ceux qui s'approprient le butin des voleurs. — I, 316.
Complots entre voleurs. — I, 154.
Corruption assimilée au vol. — I, 3.
Mise sous séquestre des biens des voleurs. — I, 114.
Père, frères et oncles d'un voleur et ses complices. — I, 115, 126.
Vol en général. — I, 123.
Vol à main armée. — I, 108, 123.
Vol à force ouverte. — I, 155.
Vol furtif. — I, 108, 154, 155.
Vol imaginaire. — I, 113.
Vol commis par les employés préposés à la garde des magasins ou greniers du royaume. — I, 2.
Vol aux dépens de l'État. — I, 3.
Vol des choses sacrées dans les pagodes royales. — I, 99.
Vol des édits royaux. — I, 99.
Vol des cachets officiels. — I, 100.
Vol dans les magasins royaux. — I, 100.
Vol des clefs d'une citadelle. — I, 100.
Vol des armes. — I, 101.
Vol avec contrainte et sans armes pendant le jour. — I, 118, 123.
Vol des arbres dans les sépultures. — I, 102.
Vol dans les greniers ou dans les magasins d'argent commis par les employés préposés à leur garde. — I, 104.
Vol dans les greniers ou magasins impériaux par des personnes ordinaires. — I, 107.